Fiche de lecture

Document rédigé par Valentine Hanin
maitre en langues et littératures françaises et romanes
(Université catholique de Louvain)

L'Ami retrouvé

Fred Uhlman

lePetitLittéraire.fr

10 % DE RÉDUCTION SUR www.lePetitLittéraire.fr

Rendez-vous sur lePetitLittéraire.fr et découvrez :

- plus de 1200 analyses
- claires et synthétiques
- téléchargeables en 30 secondes
- à imprimer chez soi

Code promo : LPL-PRINT-10

RÉSUMÉ 6

ÉTUDE DES PERSONNAGES 9
Hans Schwarz

Conrad von Hohenfels

Les parents

Les camarades de classe

Les professeurs

CLÉS DE LECTURE 13
Un récit au genre indéfini
Autobiographie ou fiction ?
Roman ou nouvelle ?

Une amitié teintée de romantisme

Une petite histoire dans la grande

PISTES DE RÉFLEXION 18

POUR ALLER PLUS LOIN 19

Fred Uhlman
Écrivain anglais d'origine allemande

- **Né en 1901 à Stuttgart**
- **Décédé en 1985 à Londres**
- **Quelques-unes de ses œuvres :**
  The Making of an Englishman (1960), autobiographie
  L'Ami retrouvé (1971), roman
  La Lettre de Conrad (1985), roman

Fred Uhlman naît en 1901 en Allemagne, dans une famille juive peu pratiquante. Au début de son adolescence éclate la Première Guerre mondiale, et avec elle, une crise métaphysique de l'auteur. Déçu par la religion, il le sera ensuite par sa patrie.

Après des études de droit, Uhlman s'installe comme avocat. Mais les tensions entre nazis et communistes se multiplient, l'antisémitisme grandit et, en 1933, Hitler est élu au pouvoir. Uhlman quitte alors l'Allemagne pour Paris, avant de s'installer finalement en Angleterre. À partir de 1940, il se consacre pleinement à ses deux passions, la peinture et l'écriture. Il publie son autobiographie, *The Making of an Englishman*, en 1960 et son roman *L'Ami retrouvé* en 1971.

L'Ami retrouvé
Les jeunes de l'Allemagne nazie

- **Genre :** roman
- **Édition de référence :** *L'Ami retrouvé*, traduit de l'anglais par Léo Lack, Paris, Gallimard, coll. « Folio », 1983, 128 p.
- **1re édition :** 1971
- **Thématiques :** amitié, nazisme, guerre, exil, séparation

À mi-chemin entre nouvelle et roman, *L'Ami retrouvé* est un court récit relatant la rencontre et l'amitié passionnelle entre deux adolescents de l'Allemagne de la fin des années trente. Le narrateur, Hans, est d'origine juive tandis que Conrad est issu d'une illustre famille de comtes allemands. Leur amitié évolue et se dégrade avec, en toile de fond, la montée du régime nazi et les évènements qui en découlent.

Le récit n'est pas uniquement un témoignage sur la vie de l'époque et sur les bouleversements qu'ont connus les Juifs à cette période. Il est, plus précisément, une véritable ode à l'amitié et aux élans romantiques de l'adolescence. Longtemps refusé par les éditeurs, *L'Ami retrouvé* est publié en anglais en 1971. La première traduction en français parait en 1978.

RÉSUMÉ

Hans Schwarz est un jeune lycéen de Stuttgart, vivant dans une Allemagne d'avant-guerre encore relativement tolérante et paisible. Le jeune homme vient d'une famille juive de la petite bourgeoisie et mène une vie tranquille, comme tous les jeunes gens de son milieu. Il n'a pas de véritables amis car, en tant qu'héritier de la poésie romantique allemande qu'il affectionne particulièrement, il n'a encore trouvé personne à la hauteur de ses attentes, digne de partager ses secrets et ses réflexions sur le monde, la religion et les arts.

C'est alors qu'entre dans sa vie Conrad von Hohenfels, un jeune comte appartenant à l'une des familles les plus prestigieuses d'Allemagne, dont quelques membres illustres ont fortement influencé l'histoire du pays. Il est élégant et sûr de lui, presque royal. L'assurance et la prestance du jeune Conrad fascinent d'emblée Hans, qui est comme médusé devant tant de prestige. Dès lors, il fait tout ce qu'il peut pour se lier d'amitié avec le comte : il étudie davantage pour briller en classe, il participe aux exercices périlleux du cours de gymnastique, etc. Mais Conrad ne semble pas être ému par tant de dévotion.

Cependant, un jour de la fin de l'hiver, Hans croise Conrad en rue et, de façon inespérée, ce dernier s'adresse à lui et lui serre la main : « Enfin, se dit Hans, quelqu'un qui correspond à mon romanesque idéal de l'amitié. » (p. 21)

À partir de ce jour-là, les deux adolescents ne se quittent plus et développent une amitié indissoluble. Se promener longuement et débattre sur les poètes allemands, sur l'existence de Dieu et sur la science deviennent leur passe-temps favori.

L'évolution inquiétante de l'Allemagne vers un antisémitisme certain ne semble pas troubler les deux jeunes gens dans un premier temps. Cependant, Hans perçoit les premiers signes d'une séparation dans le personnage de la mère de Conrad, qu'Hans ne voit jamais mais qui, selon les explications de son ami, hait les Juifs et les considère comme des démons sortis de l'enfer. Par conséquent, même s'il ne partage pas les mêmes convictions, Conrad doit cacher son amitié avec Hans. C'est à partir de ce moment que ce dernier commence à souffrir de l'antisémitisme, lorsque, par exemple, son ami le délaisse pour participer à des évènements du parti nazi, ou quand ses camarades de classe le violentent et le menacent. Pourtant, quelques années plus tard, Hans apprendra avec stupéfaction que son ami a participé à un complot contre Hitler.

Devant la gravité de la situation, lorsque le dictateur monte au pouvoir, le père de Hans décide de l'envoyer en Amérique, afin qu'il y poursuive ses études. Ce dernier se sent déraciné.

Trente ans après cet évènement, il reçoit une lettre de demande de fonds provenant de son ancien lycée, le Karl Alexander Gymnasium. Accompagnant cette lettre, il trouve une liste des noms de ses anciens camarades tombés pendant la guerre. Après une très longue hésitation mêlée de crainte, Hans se décide à regarder au nom de son ami dont il a perdu la trace, et découvre avec stupéfaction que Conrad a été exécuté suite au complot.

ÉTUDE DES PERSONNAGES

HANS SCHWARZ

Hans Schwarz est le personnage principal et le narrateur du récit. Jeune garçon de seize ans au début de l'histoire, c'est un Juif allemand, fils d'un médecin apprécié de tous. Cultivé, passionné par les collections de pièces de monnaie anciennes et par la littérature romantique allemande du XIXe siècle, c'est un garçon intelligent, réfléchi et qui aime débattre sur le sens de l'existence, sur la religion, etc.

Solitaire et comme endormi dans la grisaille, il semble commencer sa vie, tout comme le récit, à l'arrivée de Conrad dans la classe ; c'est également à ce moment-là que commence l'histoire. La lumière l'éclaire enfin par la présence de ce personnage noble, mystérieux, presque irréel. Le nom du narrateur n'est d'ailleurs cité pour la première fois que lorsque celui de Conrad von Hohenfels apparait entièrement.

CONRAD VON HOHENFELS

Conrad von Hohenfels est issu d'une célèbre et illustre lignée de comtes allemands ayant joué un rôle important dans l'histoire du pays. Contrairement à la description du jeune Hans, le début du récit donne beaucoup de précisions sur l'apparence physique de Conrad. Élégant, luxueusement vêtu et sûr de lui, Conrad est une sorte de dieu grec que tous respectent et désirent.

Rapidement, Conrad devient une cible pour le jeune Hans qui, fasciné par son prestige, va tout faire pour gagner son amitié.

LES PARENTS

Les parents de Hans sont des personnes douces, attentionnées et tolérantes. Ils sont tous les deux entièrement dévoués à leur nation. Le père de Hans est un médecin distingué de la Croix de fer pour ses faits d'armes pendant la Première Guerre mondiale. Juifs d'origine, ils ne possèdent pas de réelles convictions religieuses. Ils sont très accueillants envers Conrad, qui passe beaucoup de temps chez eux.

Les parents de Conrad sont très peu présents dans le récit. Ils n'apparaissent qu'à quelques rares occasions. On sait cependant que le père de Conrad est un ambassadeur aristocrate et hautain. La mère, quant à elle, descendante d'une famille polonaise distinguée, est antisémite et partisane convaincue d'Hitler. Conrad explique à son ami qu'elle voit d'un très mauvais œil la relation d'amitié qui les unit : « Elle déteste les Juifs. Elle en a peur, bien qu'elle n'en ait jamais rencontré un seul […]. Elle pense que le fait qu'on me voie avec toi est une tache sur le blason des Hohenfels. » (p. 76) C'est pourquoi Conrad ne présente jamais Hans et ne l'invite chez lui que lorsqu'il est seul. Cela aura pour effet de faire grandir le doute chez Hans à propos des véritables sentiments de Conrad envers lui.

LES CAMARADES DE CLASSE

Le récit donne peu d'indications précises sur les camarades de classe de Hans. Quelques-uns seulement sont décrits, tels que Bolbacher, un garçon rustre et antisémite, ainsi que le « caviar », un groupe de trois garçons qui se font passer pour des intellectuels et qui traitent le reste de la classe avec un certain mépris.

Il est cependant important de remarquer que ce groupe de jeunes adolescents représente une sorte de microsociété, reflet de la société allemande de l'époque, avec ses changements, ses classes sociales, ses élus et ses brimés. Avant l'apparition généralisée du nazisme, les camarades de Hans sont assez indifférents vis-à-vis de sa religion, ils ne l'ennuient jamais sérieusement. Mais lorsque Hitler monte au pouvoir, certains jeunes de la classe changent radicalement de comportement, et Hans est victime d'insultes et de moqueries.

LES PROFESSEURS

Deux professeurs se partagent l'estrade de la classe de Hans et Conrad. Le premier se prénomme Herr Zimmermann. C'est un brave homme doux et bon qui s'est résigné à sa triste condition d'enseignant. Le second, le nouveau professeur d'histoire, qui n'apparait qu'à la fin du récit, est Herr Pompetzki, un nazi convaincu qui propage les thèses hitlériennes au sein du lycée.

Ces deux professeurs sont les seuls qui apparaissent dans *L'Ami retrouvé* et, tout comme les camarades de classe, ils représentent, à l'intérieur même de l'enceinte du lycée, la terrible évolution que connaît l'Allemagne à cette époque. Herr Zimmermann symbolise la période calme durant laquelle les Juifs, et par conséquent Hans, perdent peu à peu leur place dans la société allemande. L'arrivée de Herr Pompetzki, quant à elle, fait écho à la montée du nazisme dans le pays et est le signe d'une véritable transition pour Hans :

> « [Q]uoi que pussent penser les élèves de Pompetzki et de ses théories, sa venue sembla avoir changé du jour au lendemain toute l'atmosphère de la classe. Jusqu'alors, je ne m'étais jamais heurté à plus d'animosité que celle que l'on trouve généralement parmi des garçons de classe sociale et d'intérêts différents. [...] Mais lorsque j'arrivai au lycée un matin, j'entendis à travers la porte close de ma classe le bruit d'une violente discussion. « Les Juifs, entendis-je, les Juifs ». Ces mots étaient les seuls que je pusse distinguer, mais ils se répétaient en chœur et l'on ne pouvait se méprendre sur la passion avec laquelle ils étaient proférés. (p. 83)

Peu de temps après l'arrivée du professeur Pompetzki, Hans doit quitter en urgence l'Allemagne pour se réfugier aux États-Unis.

CLÉS DE LECTURE

UN RÉCIT AU GENRE INDÉFINI

La nature de ce récit est peu précise : rien ne semble indiquer clairement à quel genre nous avons affaire. Plusieurs questions se posent tout au long de la lecture : l'histoire est-elle une autobiographie ou une fiction ? Le récit est-il un roman ou une nouvelle ?

Autobiographie ou fiction ?

Considérant les liens évidents qui existent entre l'auteur et son personnage principal (la description de son école et de ses camarades, l'amour pour sa région, l'exil forcé et le déracinement à la terre natale tant aimée), tout lecteur se demande si le récit se base sur la vie de l'auteur. À cette question, l'auteur, dans une interview donnée à *Libération* le 28 février 1985, répond que la moitié du récit est autobiographique, tandis que l'autre est fictive (Hans est différent de lui, les relations avec ses parents sont loin d'être semblables et une amitié si forte avec un garçon tel que Conrad n'a jamais existé). L'intrigue n'a donc pas vraiment d'écho dans les souvenirs de l'auteur.

Un élément clé qui fait douter le lecteur de la véracité de l'histoire réside dans le fait que le narrateur se met à écrire suite à la réception d'une lettre provenant du lycée où il a étudié trente ans auparavant. Il s'agit d'un procédé utilisé par Uhlman, typique des romans des XVIIIe et XIXe siècles :

la découverte d'un parchemin ancien, de lettres anonymes ou de papiers importants justifient la mise à l'écrit du narrateur. Il doit raconter, faire part de sa trouvaille afin d'en laisser une trace à la postérité. La présence de cet élément dans *L'Ami retrouvé* témoigne donc bien de la part importante de la fiction dans le récit.

Roman ou nouvelle ?

Comment qualifier *L'Ami retrouvé* ? Trop bref pour être un roman, il en possède tout de même quelques caractéristiques. Ainsi, les descriptions précises des personnages, des lieux dans lesquels se déroule l'action et des sentiments éprouvés par les protagonistes apportent une dimension romanesque indéniable à ce récit concis.

Le nombre de pages, les chapitres courts et l'importance de la chute rapprochent cependant davantage ce texte du genre de la nouvelle. En effet, la nouvelle, de par sa brièveté, possède une tension et, grâce à sa chute souvent brutale, laisse le lecteur dans une attente qu'il doit lui-même combler en imaginant ce qui aurait pu arriver si l'histoire n'avait pas été si brusquement interrompue. Baudelaire (poète français, 1821-1867) explique, dans ses *Notes nouvelles sur Edgar Poe* : « [La nouvelle] a sur le roman […] cet immense avantage que sa brièveté ajoute à l'intensité de l'effet. Cette lecture, qui peut être accomplie tout d'une haleine, laisse dans l'esprit un souvenir plus présent qu'une lecture brisée, interrompue […]. » (p. 126)

L'*Ami retrouvé* mêle donc la précision et la richesse de l'art romanesque avec la brièveté et l'intensité que l'on retrouve généralement dans les nouvelles.

UNE AMITIÉ TEINTÉE DE ROMANTISME

Les thèmes abordés dans *L'Ami retrouvé* sont largement inspirés de ceux de la littérature romantique allemande du XIXe siècle, qu'Uhlman affectionne particulièrement. En effet, ayant grandi avec les œuvres de Goethe (écrivain allemand, 1749-1832) et d'Hölderlin (poète allemand, 1770-1843), l'auteur développe dans son récit des motifs romantiques tels que l'expression de sentiments personnels, l'exaltation du moi, la recherche d'un idéal, la fusion des âmes avec la nature, et la rupture brutale entre un passé grandiose, idéalisé et un présent cruel.

Certains de ces éléments se retrouvent directement dans le thème principal du récit, à savoir la naissance d'une amitié sincère, passionnée, unique et absolue entre deux adolescents fougueux et férus de littérature romantique allemande. L'adolescence est une période exigeante, ingrate parfois, où chacun recherche un absolu, un idéal, un sens à la vie et à la religion. C'est une période à la fois déchirante (car le passage entre l'enfance et l'âge adulte peut être douloureux) et fascinante, car elle offre la possibilité de tout construire. Le passage est donc plus aisé si un ami, un camarade de jeu et de réflexion, de secrets accompagne par sa bienveillance. C'est pourquoi l'amitié entre Hans et Conrad est si intense et si importante pour eux. Ils sont le guide l'un de l'autre.

Mais dans une relation d'amitié surviennent parfois des déceptions ou des faiblesses, allant parfois jusqu'à la trahison. En effet, Hans doute à plusieurs reprises des sentiments amicaux de son compagnon, quand ce dernier ne l'invite chez lui que lorsque ses parents sont absents, par exemple, ou encore lorsque Conrad feint de ne pas voir son ami lors d'une soirée à l'opéra. Ce n'est qu'après quelques excuses maladroites et les questions insistantes de Hans que Conrad lui avoue la vérité : la haine que sa mère porte aux Juifs. Suite à cet épisode douloureux, l'amitié entre Conrad et Hans change, et ce dernier se rend compte qu'elle n'est plus à la hauteur de ses espérances, celles qui impliquent le sacrifice, le don de soi et la grandeur d'âme. Que doit penser Hans cependant, trente ans après ces évènements difficiles, lorsqu'il découvre avec surprise que son plus grand ami, celui qu'il a tenté d'oublier depuis tant d'années, a été exécuté suite à son implication dans un complot contre Hitler ?

UNE PETITE HISTOIRE DANS LA GRANDE

À la lecture des premières pages de *L'Ami retrouvé*, le lecteur peut se croire en présence d'un énième témoignage sur la Shoah et la montée du nazisme en Allemagne, mais, il est rapidement surpris par le peu d'informations que le récit donne sur ces années sombres de l'histoire du pays.

En effet, il est assez frappant de remarquer que les périodes correspondant à la rencontre entre les deux adolescents et la naissance de leur amitié sont décrites avec beaucoup de précision et de détails temporels, alors que la conversion de l'Allemagne au nazisme et la fuite de Hans ne sont que brièvement mentionnées : « Et la chose fut ainsi réglée. Je quittai le lycée à la Noël et, le 19 janvier, mon jour d'anniversaire, presque exactement un an après l'entrée de Conrad dans ma vie, je partis pour l'Amérique. » (p.88)

Les dates ne manquent cependant pas au récit, mais concernent plus particulièrement la vie intime de Hans (l'entrée de Conrad dans la classe en février 1932, leur première discussion le 15 mars, le départ définitif de Hans le 19 janvier 1933) ou le passé légendaire et glorieux de l'Allemagne.

L'absence relative de détails précis concernant les évènements tragiques de la Seconde Guerre mondiale peut poser question. Toutefois, l'analyse du récit démontre bien que l'absence de l'histoire n'est pas une dénégation de celle-ci. Elle est bien présente dans l'œuvre, au travers de l'ellipse que fait l'auteur, de l'aveuglement des parents de Hans face aux évènements, et au travers du regard de Hans, plus envoûté par son ami que par l'actualité. Cette occultation de l'histoire est plutôt une tentative de l'auteur pour rappeler que beaucoup ne se sont pas rendu compte de ce qui se déroulait autour d'eux et n'ont pas eu le temps de comprendre.

PISTES DE RÉFLEXION

QUELQUES QUESTIONS POUR APPROFONDIR SA RÉFLEXION…

- Quels sont les premiers éléments concrets qui permettent de ressentir, dans la vie quotidienne de Hans, la montée en puissance du nazisme ?
- Comment peut-on expliquer le titre que Fred Uhlman a donné à son œuvre, *L'Ami retrouvé* ?
- Doit-on considérer ce livre comme une nouvelle ou plutôt comme un roman ? Justifiez à l'aide d'exemples tirés du texte.
- Comme l'auteur l'a lui-même affirmé, une partie de ce livre seulement est véridique, tandis que le reste a été inventé. À votre avis, est-ce que cela diminue la valeur de l'œuvre ? Pourquoi ?
- Après la dispute sur les opinions de la mère de Conrad, il y a un froid entre les deux amis. Comment expliquer ce froid ? Pensez-vous que Conrad en veuille à Hans et le rejette réellement ? Pourquoi ?
- Conrad ne partage manifestement pas les idées des nazis, puisqu'il a participé au complot contre Hitler. Pourtant, il ne semble pas défendre son ami auprès de sa mère, qui déteste les Juifs. Comment peut-on expliquer cela ?

POUR ALLER PLUS LOIN

ÉDITION DE RÉFÉRENCE

- Uhlman T., *L'Ami retrouvé*, Gallimard, coll. «Folio», 1983.

Retrouvez notre offre complète sur lePetitLittéraire.fr

- des fiches de lectures
- des commentaires littéraires
- des questionnaires de lecture
- des résumés

ANOUILH
- Antigone

AUSTEN
- Orgueil et Préjugés

BALZAC
- Eugénie Grandet
- Le Père Goriot
- Illusions perdues

BARJAVEL
- La Nuit des temps

BEAUMARCHAIS
- Le Mariage de Figaro

BECKETT
- En attendant Godot

BRETON
- Nadja

CAMUS
- La Peste
- Les Justes
- L'Étranger

CARRÈRE
- Limonov

CÉLINE
- Voyage au bout de la nuit

CERVANTÈS
- Don Quichotte de la Manche

CHATEAUBRIAND
- Mémoires d'outre-tombe

CHODERLOS DE LACLOS
- Les Liaisons dangereuses

CHRÉTIEN DE TROYES
- Yvain ou le Chevalier au lion

CHRISTIE
- Dix Petits Nègres

CLAUDEL
- La Petite Fille de Monsieur Linh
- Le Rapport de Brodeck

COELHO
- L'Alchimiste

CONAN DOYLE
- Le Chien des Baskerville

DAI SIJIE
- Balzac et la Petite Tailleuse chinoise

DE GAULLE
- Mémoires de guerre III. Le Salut. 1944-1946

DE VIGAN
- No et moi

DICKER
- La Vérité sur l'affaire Harry Quebert

DIDEROT
- Supplément au Voyage de Bougainville

DUMAS
- Les Trois Mousquetaires

ÉNARD
- Parlez-leur de batailles, de rois et d'éléphants

FERRARI
- Le Sermon sur la chute de Rome

FLAUBERT
- Madame Bovary

FRANK
- Journal d'Anne Frank

FRED VARGAS
- Pars vite et reviens tard

GARY
- La Vie devant soi

Gaudé
- La Mort du roi Tsongor
- Le Soleil des Scorta

Gautier
- La Morte amoureuse
- Le Capitaine Fracasse

Gavalda
- 35 kilos d'espoir

Gide
- Les Faux-Monnayeurs

Giono
- Le Grand Troupeau
- Le Hussard sur le toit

Giraudoux
- La guerre de Troie n'aura pas lieu

Golding
- Sa Majesté des Mouches

Grimbert
- Un secret

Hemingway
- Le Vieil Homme et la Mer

Hessel
- Indignez-vous !

Homère
- L'Odyssée

Hugo
- Le Dernier Jour d'un condamné
- Les Misérables
- Notre-Dame de Paris

Huxley
- Le Meilleur des mondes

Ionesco
- Rhinocéros
- La Cantatrice chauve

Jary
- Ubu roi

Jenni
- L'Art français de la guerre

Joffo
- Un sac de billes

Kafka
- La Métamorphose

Kerouac
- Sur la route

Kessel
- Le Lion

Larsson
- Millenium I. Les hommes qui n'aimaient pas les femmes

Le Clézio
- Mondo

Levi
- Si c'est un homme

Levy
- Et si c'était vrai...

Maalouf
- Léon l'Africain

Malraux
- La Condition humaine

Marivaux
- La Double Inconstance
- Le Jeu de l'amour et du hasard

Martinez
- Du domaine des murmures

Maupassant
- Boule de suif
- Le Horla
- Une vie

Mauriac
- Le Nœud de vipères

Mauriac
- Le Sagouin

Mérimée
- Tamango
- Colomba

Merle
- La mort est mon métier

Molière
- Le Misanthrope
- L'Avare
- Le Bourgeois gentilhomme

Montaigne
- Essais

Morpurgo
- Le Roi Arthur

Musset
- Lorenzaccio

Musso
- Que serais-je sans toi ?

Nothomb
- Stupeur et Tremblements

Orwell
- La Ferme des animaux
- 1984

Pagnol
- La Gloire de mon père

Pancol
- Les Yeux jaunes des crocodiles

Pascal
- Pensées

Pennac
- Au bonheur des ogres

Poe
- La Chute de la maison Usher

Proust
- Du côté de chez Swann

Queneau
- Zazie dans le métro

Quignard
- Tous les matins du monde

RABELAIS
- Gargantua

RACINE
- Andromaque
- Britannicus
- Phèdre

ROUSSEAU
- Confessions

ROSTAND
- Cyrano de Bergerac

ROWLING
- Harry Potter à l'école des sorciers

SAINT-EXUPÉRY
- Le Petit Prince
- Vol de nuit

SARTRE
- Huis clos
- La Nausée
- Les Mouches

SCHLINK
- Le Liseur

SCHMITT
- La Part de l'autre
- Oscar et la Dame rose

SEPULVEDA
- Le Vieux qui lisait des romans d'amour

SHAKESPEARE
- Roméo et Juliette

SIMENON
- Le Chien jaune

STEEMAN
- L'Assassin habite au 21

STEINBECK
- Des souris et des hommes

STENDHAL
- Le Rouge et le Noir

STEVENSON
- L'Île au trésor

SÜSKIND
- Le Parfum

TOLSTOÏ
- Anna Karénine

TOURNIER
- Vendredi ou la Vie sauvage

TOUSSAINT
- Fuir

UHLMAN
- L'Ami retrouvé

VERNE
- Le Tour du monde en 80 jours
- Vingt mille lieues sous les mers
- Voyage au centre de la terre

VIAN
- L'Écume des jours

VOLTAIRE
- Candide

WELLS
- La Guerre des mondes

YOURCENAR
- Mémoires d'Hadrien

ZOLA
- Au bonheur des dames
- L'Assommoir
- Germinal

ZWEIG
- Le Joueur d'échecs

Et beaucoup d'autres sur lePetitLittéraire.fr

© LePetitLittéraire.fr, 2013. Tous droits réservés.

www.lepetitlitteraire.fr

ISBN version imprimée : 978-2-8062-1316-7
ISBN version numérique : 978-2-8062-1806-3
Dépôt légal : D/2013/12.603/337